心一堂術數古籍珍本叢刊

書名：玄空真解入門要訣

系列：心一堂術數古籍珍本叢刊　堪輿類　第三輯　338

作者：【民國】劉相樵

主編、責任編輯：陳劍聰

心一堂術數古籍珍本叢刊編校小組：陳劍聰　素聞　鄒偉才　虛白盧主　丁鑫華

出版：心一堂有限公司

通訊地址：香港九龍旺角彌敦道六一〇號荷李活商業中心十八樓〇五—〇六室

深港讀者服務中心‧中國深圳市羅湖區立新路六號羅湖商業大廈負一層〇〇八室

電話號碼：(852)9027-7110

網址：publish.sunyata.cc

電郵：sunyatabook@gmail.com

網店：http://book.sunyata.cc

淘寶店地址：https://sunyata.taobao.com

微店地址：https://weidian.com/s/1212826297

臉書：https://www.facebook.com/sunyatabook

讀者論壇：http://bbs.sunyata.cc/

版次：二零二一年四月初版

平裝

定價：港幣　　一百二十八元正

　　　新台幣　五百五十元正

國際書號：ISBN 978-988-8583-77-5

版權所有　翻印必究

心一堂微店二維碼

心一堂淘寶店二維碼

香港發行：香港聯合書刊物流有限公司

地址：香港新界荃灣德士古道二二〇—二四八號荃灣工業中心十六樓

電話號碼：(852)2150-2100

傳真號碼：(852)2407-3062

網址：http://www.suplogistics.com.hk

電郵：info@suplogistics.com.hk

台灣發行：秀威資訊科技股份有限公司

地址：台灣台北市內湖區瑞光路七十六巷六十五號一樓

電話號碼：+886-2-2796-3638

傳真號碼：+886-2-2796-1377

網絡書店：www.bodbooks.com.tw

台灣秀威書店讀者服務中心：

地址：台灣台北市中山區松江路二〇九號一樓

電話號碼：+886-2-2518-0207

傳真號碼：+886-2-2518-0778

網絡書店：http://www.govbooks.com.tw

中國大陸發行　零售：深圳心一堂文化傳播有限公司

深圳地址：深圳市羅湖區立新路六號羅湖商業大廈負一層〇〇八室

電話號碼：(86)0755-82224934

心一堂術數古籍 珍本 整理 叢刊 總序

術數定義

術數，大概可謂以「推算（推演）、預測人（個人、群體、國家等）、事、物、自然現象、時間、空間方位等規律及氣數，並或通過種種『方術』，從而達致趨吉避凶或某種特定目的」之知識體系和方法。

術數類別

我國術數的內容類別，歷代不盡相同，例如《漢書‧藝文志》中載，漢代術數有六類：天文、曆譜、五行、蓍龜、雜占、形法。至清代《四庫全書》，術數類則有：數學、占候、相宅相墓、占卜、命書、相書、陰陽五行、雜技術等，其他如《後漢書‧方術部》、《藝文類聚‧方術部》、《太平御覽‧方術部》等，對於術數的分類，皆有差異。古代多把天文、曆譜、及部分數學均歸入術數類，而民間流行亦視傳統醫學作為術數的一環；此外，有些術數與宗教中的方術亦往往難以分開。現代民間則常將各種術數歸納為五大類別：命、卜、相、醫、山，通稱「五術」。

本叢刊在《四庫全書》的分類基礎上，將術數分為九大類別：占筮、星命、相術、堪輿、選擇、三式、讖諱、理數（陰陽五行）、雜術（其他）。而未收天文、曆譜、算術、宗教方術、醫學。

術數思想與發展——從術到學，乃至合道

我國術數是由上古的占星、卜筮、形法等術發展下來的。其中卜筮之術，是歷經夏商周三代而通過「龜卜、蓍筮」得出卜（筮）辭的一種預測（吉凶成敗）術，之後歸納並結集成書，此即現傳之《易

經過春秋戰國至秦漢之際，受到當時諸子百家的影響、儒家的推崇，遂有《易傳》等的出現，原本是卜筮術書的《易經》，被提升及解讀成有包涵「天地之道（理）」之學。因此，《易·繫辭傳》曰：「易與天地準，故能彌綸天地之道。」

漢代以後，易學中的陰陽學說，與五行、九宮、干支、氣運、災變、律曆、卦氣、讖緯、天人感應說等相結合，形成易學中象數系統。而其他原與《易經》本來沒有關係的術數，如占星、形法、選擇，亦漸漸以易理（象數學說）為依歸。《四庫全書·易類小序》云：「術數之興，多在秦漢以後。要其旨，不出乎陰陽五行，生尅制化。實皆《易》之支派，傳以雜說耳。」至此，術數可謂已由「術」發展成「學」。

及至宋代，術數理論與理學中的河圖洛書、太極圖、邵雍先天之學及皇極經世等學說給合，通過術數以演繹理學中「天地中有一太極，萬物中各有一太極」（《朱子語類》）的思想。術數理論不單已發展至十分成熟，而且也從其學理中衍生一些新的方法或理論，如《梅花易數》、《河洛理數》等。

在傳統上，術數功能往往不止於僅僅作為趨吉避凶的方術，及「能彌綸天地之道」的學問，亦有其「修心養性」的功能，「與道合一」（修道）的內涵。《素問·上古天真論》：「上古之人，其知道者，法於陰陽，和於術數。」數之意義，不單是外在的算數、歷數、氣數，而是與理學中同等的「道」、「理」--心性的功能，北宋理氣家邵雍對此多有發揮：「聖人之心，是亦數也」、「萬化萬事生乎心」、「心為太極」。《觀物外篇》：「先天之學，心法也。……蓋天地萬物之理，盡在其中矣，心一而不分，則能應萬物。」反過來說，宋代的術數理論，受到當時理學、佛道及宋易影響，認為心性本質上是等同天地之太極。天地萬物氣數規律，能通過內觀自心而有所感知，即是內心也已具備有術數的推演及預測、感知能力；相傳是邵雍所創之《梅花易數》，便是在這樣的背景下誕生。

《易·文言傳》已有「積善之家，必有餘慶；積不善之家，必有餘殃」之說，至漢代流行的災變說及讖緯說，我國數千年來都認為天災，異常天象（自然現象），皆與一國或一地的施政者失德有關；下

至家族、個人之盛衰，也都與一族一人之德行修養有關。因此，我國術數中除了吉凶盛衰理數之外，人心的德行修養，也是趨吉避凶的一個關鍵因素。

術數與宗教、修道

在這種思想之下，我國術數不單只是附屬於巫術或宗教行為的方術，又往往是一種宗教的修煉手段──通過術數，以知陰陽，乃至合陰陽（道）。「其知道者，法於陰陽，和於術數。」例如，「奇門遁甲」術中，即分為「術奇門」與「法奇門」兩大類。「法奇門」中有大量道教中符籙、手印、存想、內煉的內容，是道教內丹外法的一種重要外法修煉體系。甚至在雷法一系的修煉上，亦大量應用了術數內容。此外，相術、堪輿術中也有修煉望氣（氣的形狀、顏色）的方法；堪輿家除了選擇陰陽宅之吉凶外，也有道教中選擇適合修道環境（法、財、侶、地中的地）的方法，以至通過堪輿術觀察天地山川陰陽之氣，亦成為領悟陰陽金丹大道的一途。

易學體系以外的術數與的少數民族的術數

我國術數中，也有不用或不全用易理作為其理論依據的，如揚雄的《太玄》、司馬光的《潛虛》。

也有一些占卜法、雜術不屬於《易經》系統，不過對後世影響較少而已。

外來宗教及少數民族中也有不少雖受漢文化影響（如陰陽、五行、二十八宿等學說。）但仍自成系統的術數，如古代的西夏、突厥、吐魯番等占卜及星占術，藏族中有多種藏傳佛教占卜術、苯教占卜術、擇吉術、推命術、相術等；北方少數民族有薩滿教占卜術；不少少數民族如水族、白族、布朗族、佤族、彝族、苗族等，皆有占雞（卦）草卜、雞蛋卜等術，納西族的占星術、占卜術，彝族畢摩的推命術、占卜術……等等，都是屬於《易經》體系以外的術數。相對上，外國傳入的術數以及其理論，對我國術數影響更大。

曆法、推步術與外來術數的影響

我國的術數與曆法的關係非常緊密。早期的術數中，很多是利用星宿或星宿組合的位置（如某星在某州或某宮某度）付予某種吉凶意義，并據之以推演，例如歲星（木星）、月將（某月太陽所躔之宮次）等。不過，由於不同的古代曆法推步的誤差及歲差的問題，若干年後，其術數所用之星辰的位置，已與真實星辰的位置不一樣了；此如歲星（木星），早期的曆法及術數以十二年為一周期（以應地支），與木星真實周期十一點八六年，每幾十年便錯一宮。後來術家又設一「太歲」的假想星體來解決，是歲星運行的相反，週期亦剛好是十二年。而術數中的神煞，很多即是根據太歲的位置而定。又如六壬術中的「月將」，原是立春節氣後太陽躔娵訾之次而稱作「登明亥將」，至宋代，因歲差的關係，要到雨水節氣後太陽才躔娵訾之次，當時沈括提出了修正，但明清時六壬術中「月將」仍然沿用宋代沈括修正的起法沒有再修正。

由於以真實星象周期的推步術是非常繁複，而且古代星象推步術本身亦有不少誤差，大多數術數除依曆書保留了太陽（節氣）、太陰（月相）的簡單宮次計算外，漸漸形成根據干支、日月等的各自起例，以起出其他具有不同含義的眾多假想星象及神煞系統。唐宋以後，我國絕大部分術數都主要沿用這一系統，也出現了不少完全脫離真實星象的術數，如《子平術》、《紫微斗數》、《鐵版神數》等。後來就連一些利用真實星辰位置的術數，如《七政四餘術》及選擇法中的《天星選擇》，也已與假想星象及神煞混合而使用了。

隨着古代外國曆（推步）、術數的傳入，如唐代傳入的印度曆法及術數，元代傳入的回回曆等，其中我國占星術便吸收了印度占星術中羅睺星、計都星等而形成四餘星，又通過阿拉伯占星術而吸收了其中來自希臘、巴比倫占星術的黃道十二宮、四大（四元素）學說（地、水、火、風），並與我國傳統的二十八宿、五行說、神煞系統並存而形成《七政四餘術》。此外，一些術數中的北斗星名，不用我國傳統的星名：天樞、天璇、天璣、天權、玉衡、開陽、搖光，而是使用來自印度梵文所譯的：貪狼、巨

門、祿存、文曲、廉貞、武曲、破軍等，此明顯是受到唐代從印度傳入的曆法及占星術所影響。如星命術中的《紫微斗數》及堪輿術中的《撼龍經》等文獻中，其星皆用印度譯名。及至清初《時憲曆》，置閏之法則改用西法「定氣」。清代以後的術數，又作過不少的調整。

此外，我國相術中的面相術、手相術，唐宋之際受印度相術影響頗大，至民國初年，又通過翻譯歐西、日本的相術書籍而大量吸收歐西相術的內容，形成了現代我國坊間流行的新式相術。

陰陽學——術數在古代、官方管理及外國的影響

術數在古代社會中一直扮演着一個非常重要的角色，影響層面不單只是某一階層、某一職業、某一年齡的人，而是上自帝王，下至普通百姓，從出生到死亡，不論是生活上的小事如洗髮、出行等，大事如建房、入伙、出兵等，從個人、家族以至國家，從天文、氣象、地理到人事、軍事，從民俗、學術到宗教，都離不開術數的應用。我國最晚在唐代開始，已把以上術數之學，稱作陰陽（學），行術數者稱陰陽人。（敦煌文書、斯四三二七唐《師師漫語話》：「以下說陰陽人謾語話」，此說法後來傳入日本，今日本人稱行術數者為「陰陽師」）。一直到了清末，欽天監中負責陰陽術數的官員中，以及民間術數之士，仍名陰陽生。

古代政府的中欽天監（司天監），除了負責天文、曆法、輿地之外，亦精通其他如星占、選擇、堪輿等術數，除在皇室人員及朝庭中應用外，也定期頒行日書、修定術數，使民間對於天文、日曆用事吉凶及使用其他術數時，有所依從。

我國古代政府對官方及民間陰陽學及陰陽官員，從其內容、人員的選拔、培訓、認證、考核、律法監管等，都有制度。至明清兩代，其制度更為完善、嚴格。

宋代官學之中，課程中已有陰陽學及其考試的內容。（宋徽宗崇寧三年〔一一零四年〕崇寧算學令：「諸學生習⋯⋯並曆算、三式、天文書。」「諸試⋯⋯三式即射覆及預占三日陰陽風雨。天文即預

定一月或一季分野災祥，並以依經備草合問為通。」

金代司天臺，從民間「草澤人」（即民間習術數人士）考試選拔：「其試之制，以《宣明曆》試推步，及《婚書》、《地理新書》試合婚、安葬，並《易》筮法、六壬課、三命、五星之術。」（《金史》卷五十一·志第三十二·選舉一）

元代為進一步加強官方陰陽學對民間的影響、管理、控制及培育，除沿襲宋代、金代在司天監掌管陰陽學及中央的官學陰陽學課程之外，更在地方上增設陰陽學教授員，培育及管轄地方陰陽人。（《元史·選舉志一》：「世祖至元二十八年夏六月始置諸路陰陽學。」）地方上也設陰陽學教授員，培育及管轄地方陰陽人。（《元史·選舉志一》：「（元仁宗）延祐初，令陰陽人依儒醫例，於路、府、州設教授員，凡陰陽人皆管轄之，而上屬於太史焉。」）自此，民間的陰陽術士（陰陽人），被納入官方的管轄之下。

至明清兩代，陰陽學制度更為完善。中央欽天監掌管陰陽學，明代地方縣設陰陽學正術，各州設陰陽學典術，各縣設陰陽學訓術。陰陽人從地方陰陽學肄業或被選拔出來後，再送到欽天監考試。（《大明會典》卷二二三：「凡天下府州縣舉到陰陽人堪任正術等官者，俱從吏部送（欽天監），考中，送回選用；不中者發回原籍為民，原保官吏治罪。」）清代大致沿用明制，凡陰陽術數之流，悉歸中央欽天監及地方陰陽官員管理、培訓、認證。至今尚有「紹興府陰陽印」、「東光縣陰陽學記」等明代銅印，及某某縣某某之清代陰陽執照等傳世。

清代欽天監漏刻科對官員要求甚為嚴格。《大清會典》「國子監」規定：「凡算學之教，設肄業生。滿洲十有二人，蒙古、漢軍各六人，於各旗官學內考取。漢十有二人，於舉人、貢監生童內考取。附學生二十四人，由欽天監選送。教以天文演算法諸書，五年學業有成，舉人引見以欽天監博士用，貢監生童以天文生補用。」學生在官學肄業、貢監生肄業或考得舉人後，經過了五年對天文、算法、陰陽學的學習，其中精通陰陽術數者，會送往漏刻科。而在欽天監供職的官員，《大清會典則例》「欽天監」規定：「本監官生三年考核一次，術業精通者，保題升用。不及者，停其升轉，再加學習。如能黽

術數研究

術數在我國古代社會雖然影響深遠，「是傳統中國理念中的一門科學，從傳統的陰陽、五行、九宮、八卦、河圖、洛書等觀念作大自然的研究。……傳統中國的天文學、數學、煉丹術等，要到上世紀中葉始受世界學者肯定。可是，術數還未受到應得的注意。術數在傳統中國科技史、思想史，文化史、社會史，甚至軍事史都有一定的影響。……更進一步了解術數，我們將更能了解中國歷史的全貌。」（何丙郁《術數、天文與醫學中國科技史的新視野》，香港城市大學中國文化中心。）

可是術數至今一直不受正統學界所重視，加上術家藏秘自珍，又揚言天機不可洩漏，「（術數）乃吾國科學與哲學融貫而成一種學說，數千年來傳衍嬗變，或隱或現，全賴一二有心人為之繼續維繫，賴以不絕，其中確有學術上研究之價值，非徒癡人說夢，荒誕不經之謂也。其所以至今不能在科學中成立一種地位者，實有數因。蓋古代士大夫階級目醫卜星相為九流之學，多恥道之；而發明諸大師又故為惝恍迷離之辭，以待後人探索；間有一二賢者有所發明，亦秘莫如深，既恐洩天地之秘，復恐譏為旁門左道，始終不肯公開研究，成立一有系統說明之書籍，貽之後世。故居今日而欲研究此種學術，實一極困難之事。」（民國徐樂吾《子平真詮評註》，方重審序）

官方陰陽學制度也影響鄰國如朝鮮、日本、越南等地，一直到了民國時期，鄰國仍然沿用著我國的多種術數。而我國的漢族術數，在古代甚至影響遍及西夏、突厥、吐蕃、阿拉伯、印度、東南亞諸國。

除定期考核以定其升用降職外，《大清律例》中對陰陽術士不準確的推斷（妄言禍福）是要治罪的。《大清律例・一七八・術七・妄言禍福》：「凡陰陽術士，不許於大小文武官員之家妄言禍福，違者杖一百。其依經推算星命卜課，不在禁限。」大小文武官員延請的陰陽術士，自然是以欽天監漏刻科官員或地方陰陽官員為主。

勉供職，即予開復。仍不及者，降職一等，再令學習三年，能習熟者，准予開復，仍不能者，黜退。

現存的術數古籍，除極少數是唐、宋、元的版本外，絕大多數是明、清兩代的版本。其內容也主要是明、清兩代流行的術數，唐宋或以前的術數及其書籍，大部分均已失傳，只能從史料記載、出土文獻、敦煌遺書中稍窺一鱗半爪。

術數版本

坊間術數古籍版本，大多是晚清書坊之翻刻本及民國書賈之重排本，其中豕亥魚魯，或任意增刪，往往文意全非，以至不能卒讀。現今不論是術數愛好者，還是民俗、史學、社會、文化、版本等學術研究者，要想得一常見術數書籍的善本、原版，已經非常困難，更遑論如稿本、鈔本、孤本等珍稀版本。

在文獻不足及缺乏善本的情況下，要想對術數的源流、理法、及其影響，作全面深入的研究，幾不可能。

有見及此，本叢刊編校小組經多年努力及多方協助，在海內外搜羅了二十世紀六十年代以前漢文為主的術數類善本、珍本、鈔本、孤本、稿本、批校本等數百種，精選出其中最佳版本，分別輯入兩個系列：

一、心一堂術數古籍珍本叢刊

二、心一堂術數古籍整理叢刊

前者以最新數碼（數位）技術清理、修復珍本原本的版面，更正明顯的錯訛，部分善本更以原色彩色精印，務求更勝原本。并以每百多種珍本、一百二十冊為一輯，分輯出版，以饗讀者。

後者延請、稿約有關專家、學者，以善本、珍本等作底本，參以其他版本，古籍進行審定、校勘、注釋，務求打造一最善版本，方便現代人閱讀、理解、研究等之用。

限於編校小組的水平，版本選擇及考證、文字修正、提要內容等方面，恐有疏漏及舛誤之處，懇請方家不吝指正。

心一堂術數古籍 珍本 叢刊編校小組

心一堂術數古籍 整理 叢刊編校小組

二零零九年七月序

二零一四年九月第三次修訂

玄空真解　入門要訣

序

地理之書兼陰陽宅兆而言也其術原於黃帝陰符而通乎三易

故張鏡心曰陰符綜其持三易綜其變考陰符凡三百言百言演

道百言演法百言演術地理之學固術也然非知通之士不能窺陰陽之

奧以通造化之微故風水衰旺惡有明徵焉人生不可瘞之事也乃拘墟

之輩徒以為言測概置不信是無過矣吾鄉地師大半舍陋

不文求其即陰陽法象之那而知往來原反之故庸有當乎予實用住

拘摭之酒亦不敢怨此輩之所為盡此術之無傳傳久矣目壬子李秋于

羅宦蟬傭寓律門即閑靜海文元公坊精地學與鑒于壽不言地理

但顧留心醫術每思仿吏醫之士與質靈素之疑又癸丑春因診

張星樣大全乎風病瞀栽亞妙旅館話醫之喉因及地學又元即以前著

陽宅覺見惠子幸卒瀆之凡三十一章先之以明義次之以正誤所謂大參

庶呼而存之驚覺地也其曰天地只一理陰陽妄之氣地學原只一途

而及人岐而二之已不合地學之旨矣久之乃向文傳自何人李之何書

云陽宅之書翺笑其在子書以宅經名地妙有五種佑傳之書更妄立論

他如宅錦宅統宅鏡等雜所言不毛可取並李兆書道坊之文莫書

等篇其文詞渾括莫詳用法改立注家孫作解人卒未識匪廬真

自青囊經奚經以沒至廣有楊曾所傳天玉寶照奧語青囊序

而自蔣氏大鴻乃方外之傳作地理辨正始泊古書真譌而佑記蔣氏坊

又屢笠號起遂作佟書先沒不下數十種咸稱得蔣氏真佟其實皆

蔣氏警誡也廬沁張子綉居者之疏於是屢見情光自恩願

其中奧義仍不願者以示人而學於經雖領悟大抵修通之書注

劉而不莪由生些頂以俟貫人之自悟恐一旁言詮兩泄漏天機友泄

兩不靈師謂惟與天運不可為同於生也予曰先生沈以陽宅覺也

兩栗書不待衛以地學不一の渭完所論覺也予心自有所未著乃當

今吾鄉執偽術以誤人何不速作闡揚之書驚之使覺也先生最

題予言於丁己間居里門遂取辨正疏歸厚錄天元歌批論之考莪

其秘又合自著圖圖路陽宅覺共為立種凡十二卷書成見求於

予乃為序貝事書於簡瑞時

民國戊午秋八月如皋弟劉榮黼亚平氏拜撰

自叙

自地學失傳歧途百出各執師說互肄詆排然求一能合於道者卒鮮越有蔣

大鴻氏毅然以道自任作地理辨正欲以正地學之歧初不意地學之歧乃由

是盈甚也辨正書出一時之讀辨正者遂各呈臆說爭相著書大率皆以蔣父

之謎語視為確鑿之寔言撮空掠影以為言附會支離以造法離人各異洞要

之就後天八卦起三元以挨九星指二十四山論夫婦以較衰旺則一也凡此

之輩皆假蔣氏之名自高其術遂藐視乎三合諸家而不知三合諸家雖失嫡

傳猶能遵守古人之分金以避雜氣以視伊等之悖道而馳則遠勝也張子綺

石洞見其獘在溪於辨正之謎語乃作疏以發明之直將六十四卦顯列盤中

一掃二十四山假借之獘是不但能救辨正之歧途且能消盡地學中百種之

歧途誠如夜遊遇燭久雨逢晴大道真銓將於茲遽顯滅千古大快事也余於

癸酉之春閒中州高嶺巷言始知有是書乃徧購之不能得秋試至都覓得鈔

峽日夜研究終年不輟飢粗知其梗概終不得其要領蓋緣張疏雖詳解卦畫

輒言卦理而於入用之法收龍之訣未嘗示以旨歸出一確論反令讀者恍惚

迷茫無從着手於是廣探周易講義並京房王弼魏伯陽之書始知易卦本根

在圖書太數宇宙之間血非此數之對待流行以演成世界之盛衰興廢其盛

衰與興廢又總攝於中五之中待此義以驗之臺宅澄於天時然後恍然於辨正

所謂三元九運衰旺生死皆此對待流行者動靜屈伸往来感應之機自然之

流露也而其要則在乎太極之立極夫太極非能自立且極定由對待流行往

朱交錯相織而成故隨處可求太極即隨處可見太極之八方苟得此極則八

方之對待流行者自然拱衛乎此極而咸為之用惟貴乎善察其机以乘之巧

合乎時以應之耳嗚呼苟非張子吾何由得其門而窺其奧矣近今辨正疏一

書已徧行於世習之者日衆嘗見有持六十四卦羅經為人卜葬居者竟顛倒其衰旺

盲昧乎山平噫是又誤於張子之疏者矣張子慨蔣作辨正之誤人於前明道

反以晦道故作疏以救之乃又誤人於後張子有知殊恨事也吾不忍

袖手於旁盍己久矣丁己之夏家居無事爰取辨正疏全書逐節批論凡蔣之

而不肯言与張之雖言而未盡者無不顯露言之以燦其秘然皆遠考古人近

澄師友驗之墓宅毫無疑義且体蔣注原文言外之意恰与胸合者方敢振筆

直言以告天下未嘗稍有臆斷也外又有歸厚錄及天元五歌皆蔣著真本頗

能輔翼辨正疏之不及故亦詳加批論合為一編地學於此庶幾無餘蘊矣弟

恐淺學未能邊喻也因並取拙作國圖陽宅覺附於邊共成五種爰名之曰

律華堂地學五種非敢謂有裨於邁庶有志是道者隨造詣之淺深由是各得

入門之路不至復溪於歧途以成悖道禍人之術則寸心慰矣邁、百載蔣張

兩君子之心其亦相興共慰也乎時民國夏歷戊午秋八月靜海元祝垚晦農

甫叙於津門客次

是書為地學真種子先賢口：相傳不肯顯告於世吾師作此書畫將其中奧義闡

發無遺令人一見能解惟初學入門苟不知讀法則閉卷仍覺茫然無從入手爰以極

為明顯之書反視為幽邃之論殊負吾師示教之苦心矣　繼先元亮知此之弊爰作讀

法二則以告同志

一讀是書須將書中所載卦圖辨清為入手頭一層功夫

先將六十四卦卦序歌讀熟　次再將伏羲大小橫圖看清以知六十四卦之所

由來　次再看伏羲小圓圖以知乾兌離震陽儀四卦從右向左排巽坎

艮坤陰儀四卦從左向右排　再看伏羲大圓圖以知乾兌離震四宮從

右向左排得陽儀三十二卦巽坎艮坤四宮從左向右排得陰儀三十二

卦而各卦相對皆成夫婦此即羅經所列六十四卦之式　再次看河圖

洛書之數以知河圖之一六共宗二七同道三八為朋四九為友共路夫

婦之義以知洛書一對九二對八三對七四對六對待夫婦之義　次再

看先天八卦配洛書之圖而知坤一乾九巽二震八離三坎七兌四艮六

之數　次看九星配九宮之圖而知上中下三元運數　次再看八盤九

運之圖而知某卦屬某運　次再看十六父母各生六子之番而知各卦之胎元　次再看坤壬乙等八圖而知用卦湏取輔運之故　次再看卦反爻反八圖而知用法之活變　次再看羅經圖而知某圖係何用之故如能辨清書中各圖再讀是書如破竹之勢矣

一讀是書湏由淺入深必湏先讀陽宅覺務將全書翻来覆去讀十餘過目能漸之通曉既曉陽宅看法則陰宅即可入門然後再看圈圖語天元歌遇厚錄最后再看青囊經青囊序奧語天玉寶照等篇則可入扵微妙之域矣

受業武清周繼先遠齋氏
天津陳元亮康侯氏　同參謹記

心一堂術數古籍珍本叢刊　堪輿類

八宮卦序歌

乾為天　澤天夬　火天大有　雷天大壯　風天小畜　水天需　山天大畜　地天泰

天澤履　兌為澤　火澤睽　雷澤歸妹　風澤中孚　水澤節　山澤損　地澤臨

天火同人　澤火革　離為火　雷火豐　風火家人　水火既濟　山火賁　地火明夷

天雷无妄　澤雷隨　火雷噬嗑　震為雷　風雷益　水雷屯　山雷頤　地雷復

天風姤　澤風大過　火風鼎　雷風恒　巽為風　水風井　山風蠱　地風升

天水訟　澤水困　火水未濟　雷水解　風水渙　坎為水　山水蒙　地水師

天山遯　澤山咸　火山旅　雷山小過　風山漸　水山蹇　艮為山　地山謙

天地否　澤地萃　火地晉　雷地豫　風地觀　水地比　山地剝　坤為地

自序

地學之書汗牛充棟竟使世人無所適從不知孰為

正法任憑俗師偽術禍人受其害者不知凡幾良可

慨也直錄靜海又元子先生為近世地學名家所著

棟華堂地學五種中有陽宅覺園圖語及批論青囊

經青囊序奧語天玉經寶照經天元五歌歸厚錄等

書施之陰陽二宅無不百試百驗按之大玄空皆能

一一符合由是可證地學之書惟大玄空法為真正

嫡傳也奈此書雖經出板因時局關係其板久已不

存無從購覓吾鄉學者每興望洋之歎僕有鑒於此

爰集同志出家藏本先將陽宅覺園圖語及邑人劉

子湘樵所擬成格並入門提訣合成一編分上中下

三卷名曰玄空真解付諸石印以公同好庶亦地學

之補助云爾時

大同二年歲次癸酉秋九月古懷德碧蓮子張振采

鳳九氏序於白雲書室

乾(兌)→金．震(巽)→木．坤(艮)→土．離→火．地→水
注：單廚陽(○)
雙廚陰(●)

火
三
南　朱雀

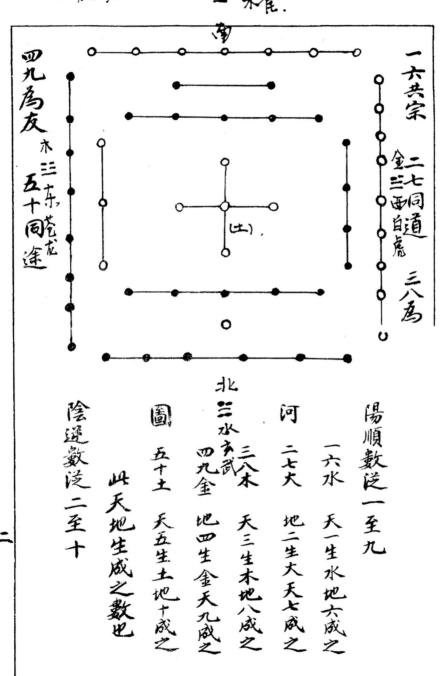

一六共宗
二七同道
金三西白虎
三八為

(土)

四九為友
木　三東　蒼龍
五十同途

陽順數逆　一至九

一六水　天一生水地六成之
二七火　地二生火天七成之
三八木　天三生木地八成之
四九金　地四生金天九成之
五十土　天五生土地十成之
此天地生成之數也

北　三水　玄武

河圖

陰還數逆　二至十

周易本義云伏羲畫其說出邵氏蓋邵氏得之李之才挺之挺之得之穆修伯長

伯長得之華山希夷先生陳博圖南者所謂先天之學也此圖圓布者乾盡午坤盡子

中離盡卯中坎盡酉中陽生於子中極於午中陰生於午中極於子中其陽在南

姤　大過　鼎　恆　巽　井　蠱　升　訟

豫　晉　萃　否

小過　旅　咸　遯

解　未濟　困　訟

恆　鼎　大過　姤

震　噬嗑　隨　无妄

豐　離　革　同人

歸妹　兌　睽　履

大壯　大有　夬　乾

其陰在北方布者乾始於西北坤盡於東南其陽在此其陰在南此二者陰陽對
待之數圓於外者為陽方於內者為陰圓者動而為天方者靜而為地者也

先天八卦

乾　巽

兑　坎

離　艮

震　坤

後天八卦

離　坤

巽　兑

震　乾

艮　坎

一運八卦為一之一為貪狼亦
為弼星為南北八神為父母卦

風升
地觀

山蹇
水蒙

二運八卦為一之二為巨
門為江西卦為天元龍

天大壯
雷无妄

澤睽
火革

三運八卦為一之三為祿
存為江西卦為人元龍

風　大過
澤　中孚
天　需
水　訟
雷　頤
山　小過
地　晉
火　明夷

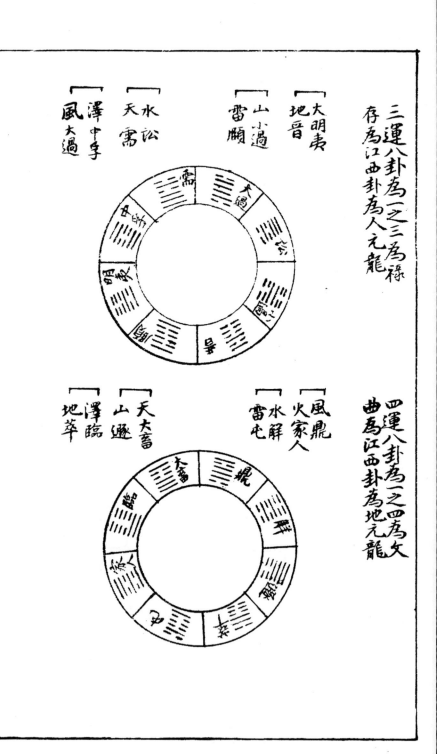

四運八卦為一之四為文
曲為江西卦為地元龍

風　鼎
火　家人
水　解
雷　屯
天　大畜
山　遯
澤　臨
地　萃

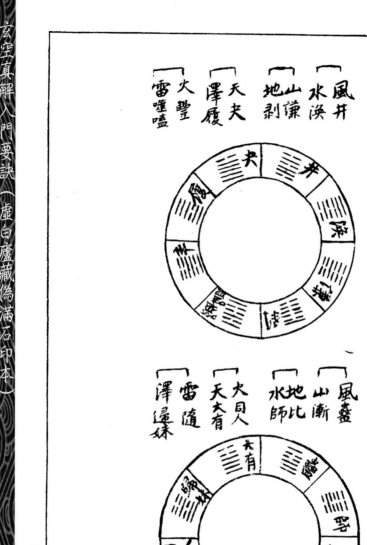

六運八卦為一之六為武
曲為江東卦為地元龍

風井
水渙
天夬
地剝
山謙
火豐
澤履
雷噬嗑

七運八卦為一之七為破
軍為江東卦為人元龍

風蠱
山漸
水地
師比
火天
天大有
雷隨
澤歸妹

八運八卦為一之八為左
輔為江東卦為天元龍

山旅
火賁
地豫
雷復
天姤
風畜
澤節
水困

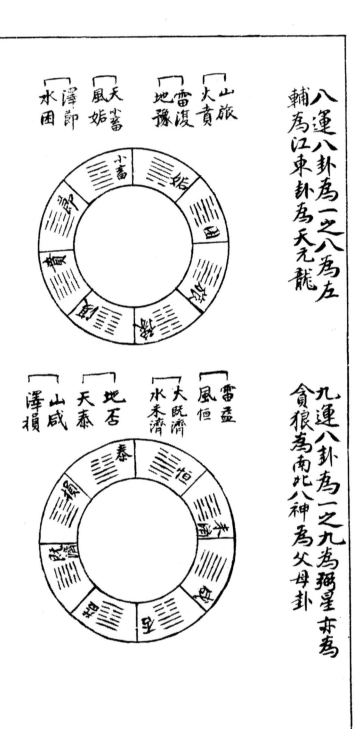

九運八卦為一之九為弼星亦為

貪狼為南北八神為父母卦

雷益
風恒
地否
天泰
水未濟
大既濟
山咸
澤損

甲癸申貪狼一路行

非盡貪狼而與貪狼為一例

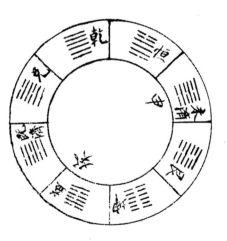

坤壬乙巨門從頭出

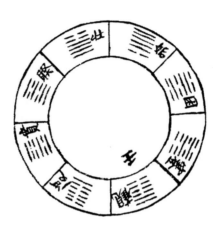

非盡巨門而與巨門為一例

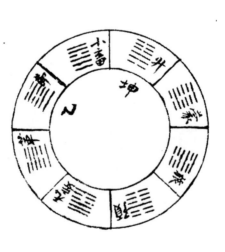

巽辰亥盡是武曲位

非盡武曲而與武曲為一例

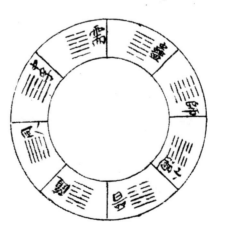

艮丙辛位位是破軍

非盡破軍而與破軍為一例

八宮各有一卦要反對為
本宮之主卦此盤是也

革去故也鼎取新也屯見
而不失其居蒙雜而著

只云七星去打劫也
每宮各有一卦不動故
一與六
三
通
乾
兌
震
巽

大壯則止遯則退也
臨觀之義或與或求
二與四
通
鼎

震者動也物不可以終動故止之故受之以

艮艮者進也進必有所傷故受之以明夷

萃聚而升不來也

解緩也塞難也

一　與巽　三通　需

需者飲食之道也飲食必有訟故受之以

訟訟者入也入而後說之故受之以兌

二　與升　四通　大

有无妄然後可畜故受之以

大畜睽外也家人內也

剝爛也復反也豐多故親寡旅也

夫者決也決必有門遇故受
之以姤姤遇也即止也

六　興　八　通

咸速也恒久也比樂師憂

大有眾也同人親也
損益盛衰之始也

七　興　九　通

升通而困相遇也
謙輕而豫怠也

小畜寡也履不處也
噬嗑食也賁無色也

六與八通
井困

隨无故也蠱則飭也漸者進也
進必有所歸故受之以歸妹

否泰反其類也故受之以既濟
故受之以未濟終焉

七與九通

右二十四圖同里徐瑞芝庭述吳門潘景祺斗齋曰

前八圖分清上中下三元九運原圖之所自盡泄郎

子十六卦說朱子三十二圖說推出於乾為天卦歌

及八宮卦序歌中每宮各取一卦一絲不亂所謂八

卦只有一卦通也芝庭曰中八圖即泄分運圖推出

取兩運合十如八運八卦各交通初爻為天元二運

八卦各交通二三兩爻亦為天元用二八運中合十

兩卦則三爻俱通矣所謂坤壬乙巨門從頭出非盡

巨門而與巨門為一例也後八圖又泛合十圖推出

分運合十兩圖未足以盡地之變則反對圖尚矣如

一水泛豫卦來一水泛小畜來更有一水泛姤卦來

一水泛復卦來豫與小畜復之與姤各為同運對待

之卦而復為豫之卦反姤為小畜之卦反則四卦又

屬一氣相通尚一水泛豫卦來一水泛大壯來便是

合十或更有一水泛邀卦來一水泛謙卦來邀為大

壯之爻反謙為豫卦之爻反再合卦反兩卦是一局

有六水可收所謂水上排龍點位裝兄弟更子孫也

按潘徐說有所本並非傳會穿鑿潘氏說與僕所得

方外說同僕因作口訣上俾學者便於記誦徐氏說

愈推愈密層出不窮蓋中八圖一與九通二與八通

三與七通四與六通是前四運與後四運兼取互用

傳曰兼取者先時補救之道善後之良策也後八圖

一與三通二與四通六與八通七與九通是前四運

與後四運各歸一路傳曰一路者當時直達之機取

勝之選鋒也僕特參考舊聞旁引成語以為確證地
有不盡此者再參卷中通變諸格則地理卦理庶幾
其無餘蘊矣按辨正書出一時被其誤者甚眾雖其
書中亦明言不得師傳萬不可借文字語言強以干
支八卦談玄空之奧而一時偽書競出者如乾坤法
竅地理正宗四秘全書辨正再辨等不下數十種皆
以干支八卦強談卦理而其誤人之說遂徧國中幸
得張子綺石不憚洩漏之愆直以六十四卦顯以告

人而以其法按之經文該之蔣傳無不一一脗合恰

對機鋒然後吾輩始得籍入其門窺其奧妙而又得

卷首諸圖一一詳列而後三元九運八宮九星以及

四十八局之秘無不了如指掌吾何幸生張子之後

而得讀其書吾將率萬世學者同執弟子禮於張子

之靈

四十順

十子

八局

局

夬　大有　小畜　履　同人　姤

乾
交生六子

坤

剝　比　豫　謙　師　復

坤

渙　師　困　升　比　節

坎
交生六子

豐　同人　賁　噬嗑　大有　旅

離

四　　十　　八　　局
　　順　　子　　局

噬嗑　隨　復　豐　歸妹　豫

升　蠱　姤　渙　漸　小畜

滌　漸　旅　剥　蠱　賁

履　歸妹　節　夬　隨　困

震　交生六子

巽

艮　交生六子

兌　交生六子

四

十　延

息

八

局

局

萃　晉　觀　遯　訟　无妄

否

交生六子

大畜　需　大壯　臨　明夷　升

泰

交生六子

家人　明夷　革　屯　需　蹇

既濟

交生六子

解　訟　蒙　鼎　晉　睽

未濟

四

逆

大過　升　解　小過　大壯

恒　益
交生六子

十

息

屯　頤　无妄　家人　中孚　觀

損　益
交生六子

八

局

臨　中孚　睽　大畜　頤　蒙

損　咸
交生六子

局

頤　小過　蹇　萃　大過　革

咸
交生六子

右順逆四十八局其父母卦即邵子天地定位否泰
反類合極圖中之十六卦也其各生六子即朱子啟
蒙三十二全圖每對待兩卦可推六十四卦循環無
端生生不已地理特易理之一端故只取十六父母
卦之各生六子順推逆推而得四十八局盖乾坤既
交之後坎離用事雷風山澤各有所司故乾兌離震
巽坎艮坤為諸卦之父母而八卦既交之後天地定
位山澤通氣雷風相薄水火不相射則泰損既益恒

未歲否又各為萬物父母亦子復生孫之義也蔣傳

此三陰三陽各自為交而生萬物蓋謂此也徐芝庭

曰如復卦為坤之子息但看龍水到

頭多見坤之子息又為震之子息偽多見震

之子息爻神則定為坤之子息

之子息爻神則定為震之子息餘倣此

按句服法徑七寸圍得二尺二寸風俗通三百六十

步為里公羊傳註六尺為步三百步為里參中推原

父母卦即来水去水之前一節二節也大抵在半里

一里之間令以半里推算前面離盤半里合盤後半
里便是一里照風俗通計徑二百十六丈圍得六百
七十八丈五尺八寸五分六釐作六十四股分派每股
應得十丈零六尺零二分九釐若離盤一里每股應得二
十丈二尺有奇離盤二里每股應得四十二丈四尺有奇
蔣傳謂倒排父母既要曲折又要每折不出本卦盡
一二里之間卦路已濶三四十丈儘容曲折可不出
本卦且夾卦折入大有履卦折入同人俱為倒排之本

卦又如收水其來源自西流東則到頭宜收訟卦其

來源自西南流東北則到頭宜收升卦細觀四十八

局當自知之恐學者疑格遠龍或有不準故特附詳於此

按測量法徑一尺圍得三尺一寸四分一厘六毫無論為數若干絲毫不爽

假令距盤心十支作六十四卦均分每卦計濶九尺八寸一分七厘五毫無零或遠

或近按此法加減斷無不準　鳳九識

陽宅覺園圖語內載入門各法無所不備然皆散列篇中初學

每難入手今將要訣按次排列庶初學容易得門先將卦象及

先天後天卦圖辨清再將卦序歌讀熟必須口功不可強記次

再記清某為四男卦某為四女卦某為內卦某為外卦某爻為

九某爻為六某為四正卦某為四隅卦某為二太卦某為二少卦

某卦屬幾數某卦屬幾運某為父母卦某為子息卦某為江東卦

某為江西卦某卦屬天元龍某卦屬人元龍某卦屬地元龍某運屬

某星歸上中下某元管必將以上諸法熟記胸中再參看湘楚所撰

諸成格及又元子圖圖語等圖自能一目了然矣。

其青囊經奧語天玉經寶照經魯序天元五歌歸厚錄等書皆條縷傳真本市坊皆

有賣者又元子雖經批論無非解說玄空用法姑俟續印且既洞悉玄空用

法則讀以上各書以玄空法按之均能脗合由是知其不合玄空者概非真傳

正授矣慎勿自誤兼以誤人則幸甚

乾坤坎離為四正卦　　震巽艮兌為四隅卦

乾坤艮兌為二太卦　即西四宅　坎離震巽為二少卦　即東四宅

八卦配洛書數

此即卦數以外卦論若姤卦則為九數卦若夬卦則為四數卦餘傚此詳陽宅覺洛書配先天卦圖

乾九　震八　坎七　艮六　兌四　離三　巽二　坤一

運數歌訣

乾兌離震巽坎艮坤一

需中夷頤過訟小晉三　壯睽革妄升蒙蹇觀二

夬履豐噬开渙謙剝六　畜臨家屯鼎解邀萃四

有妹同隨蠱師漸比七

畜節賁復姤困旅豫八　　泰損既益恒未咸否九

父母子息歌訣　劉湘樵著

夬剝與履謙　乾坤艮兌先　同師大有比　乾坤坎離起

復姤小畜豫　乾坤震巽俱　渙豐井噬嗑　坎離震巽恰

困賁節並旅　坎離艮兌取　隨蠱歸妹漸　震巽艮兌便

以上六七八運以一運為父母　如夬剝履謙四卦均以乾坤艮兌為父母餘做此

萃大畜遯臨　否泰損咸輪　晉需訟明夷　否泰既未齊

觀壯无妄升　否泰恒益生　家人解屯鼎　既未恒益傳

革蒙蹇與睽　既未損咸陪　過顧小過孚　恒益損咸扶

以上二三四運以九運為父母

口訣下　張綺石著

二三四運九為父母六七八運一為父母兩水對待運邊中五本

運合十是名曰輔名興寔同貪狼父母順逆可排九星挨數更有

挨法亥壬比晉七運收亥三運收壬容水權宜莫誤正神左濱到復

龍宜收坤右濱到坤復卦龍身兩宮交界雜亂禍侵石濱到豫龍自

觀生左濱到觀豫卦龍神兩儀分界差錯莫櫻泛此細推每卦可尋

卦莫亂挨地貴生成蠻頭理氣印證雙清我因蔣註補此口訣神

而明之九星可闌

二十四山配六十四卦方位訣　劉湘樵著　一山管兩卦六分六釐

壬觀比癸屯孟子宮剝坤渡頤及丙壯有丁鼎恒午山夬乾姤過

停甲豐離乙節孚卯山革同臨損逢庚渙坎辛旅小酉山蒙師邀

咸巧戌漸塞亥晉豫乾山艮謙否萃俱辰妹睽已需畜巽山兌履

奉大橫丑震噬寅既家艮山隨妄夷貴咢未巽井申未解坤山蠱

升訟困改

衰旺生死說　曹序知其衰旺生與死者即此義也若俗術之金生已不生亥火生寅水土生申皆非

現值癸酉年為中元四運四六合十則四運卦與六運卦祇論生死不論

衰旺其一二三七八九等運祇論衰旺不論生死以陽宅論則四運之

大畜屯解邀六運之履豐井剝皆為生卦其四運之臨家人鼎萃六運　此皆夬數卦

之夬噬嗑渙謙皆為死卦若值三運三七合十則三運之需顧訟小過　此皆小數卦

七運之歸妹同人盡比皆為生卦其三運之中孚明夷大過晉屯運之

大有隨師漸皆為死卦餘倣此陰宅反看　龍向以生為死以衰為旺　山水以生為旺以旺為旺

看陽宅法　與陽宅覺參看

凡看其房之高大者定為主房。即由主房正屋門外^{正中與兩墻}^{角取平線處坐}

盤看房向屬何卦。是否本運旺向。再看大門出何卦。是否出衰

入旺。再看兩內房門皆出何卦。是否衰旺顛倒。是否合四正四隅。

二太二少父母子息卦反爻反諸格。再看院落長短寬窄是否

与房間相稱。再看院墙是否整齊。如四面齊整。均無空缺則此宅專

由大門進氣。必以大門之氣為主。若三面高則浮空之氣必由低處

透入則看透入之氣屬何卦。以定之衰旺而斷吉凶。大門便無主權矣。

若一正一廂。亦用空缺法斷之。如祇有主房並無院墙則以房向

及內房门為主若院路窄長兩廂相逼則屋內之門氣不驗須酌

其長氣斷之此事極須活便不可執一與陽宅覺五要法參看

久〻自明

爻象順逆說

凡一三七九運皆順排爻則初爻從右向左排若以乾卦論乾屬

一運應順排距姤近者初爻如用初爻為姤用二爻為同人用三

爻為履用四爻為小畜用五爻為大有用上爻為夬凡二四六八

運皆逆排爻則初爻從左向右排若以姤卦論姤屬八運應逆排

距乾近者為初爻如用初爻為乾用二爻為遘用三爻為訟用四

爻為巽用五爻為鼎用上爻為大過餘倣此

羅經選擇及用法　凡針必取細長而直者盤必格勻而平者佳否則最易誤事

羅經之作也取象乎天故體圓取法乎易故列卦蓋易理即天理

也然易理微奧人所難知一有不合為害甚鉅僕因擬一簡便之

法使人便於取用自上元甲子前冬至日起至中元甲午前冬至

日止此九十年陰宅收龍立向用一二三四卦數坐山消水用六七八

九卦數自中元甲午前冬至起至下元癸亥沒冬至止此九十年

陰宅收龍立向用六七八九卦數坐山消水用一二三四卦卦數陽宅開門

與陰宅消水同論此法為初學者言也既明此法然後再按四正隅

二太二少諸格配合用之自能與大謬矣又全盤共計六十四格其三

十二虛線別有用法餘三十二實線皆有山與吉切宜遠避又坐盤時

宜細心檢查近處如有鋼鐵則盤針不準　鳳九識

大玄空配合格局吉凶論

　　劉湘樵著

大玄空重在取格龍水向有配有合合陰陽交媾而吉與配無合

犯陰陽差錯而凶格有多端而相見相乘要不出乎運與卦二者

之範圍九運出洛書　即洛書九疇貪巨祿文廉武破　運以數紀　運有陰陽五

輔弼之九星是也　即一二三四五六七八九之數也陰即一二三四陽即六七八九五兼陰陽一六水二七火三八木四九

金五十二五之精皆自太極動盪而出取格定局必須心有把握按數推求方可為人

造福不然空陵何益此大玄空之　坤一巽二離三兌四艮六坎七震八乾

秘旨學者其深求之　而亦有卦　九以洛書配先天合看自明　青囊

經上篇一六共宗二七同道三八為朋四九為友五十同途　龍水卦　對合十

兼中五縱橫視之合　即從此中推出然祇兼運中生成之一格兹綜其全

十五即五十同途也

一取本卦同運　一運龍一運水一運向如乾巽　兌卦均為一運是餘倣此

一取本卦兼運　一與四合五如乾與大畜是二與三合五如大壯與需是九六合

乾與泰是三八合十如大壯與小畜是三七合十如需與同人是四六合十如大畜

与夬是一六合生成如乾與夬是二七合生成如大壯與大有是三八合生成

如需与小畜是四九合生成

如大畜与泰是餘倣此

一取本運相通　一与三通如乾与需是二与四通如壯与大畜是六与

八通如夬与小畜是七与九通如大有与泰是餘倣此

一取本運兼父母　六七八運一為父母一為貪狼又為弼星合真父母為貪

狼非真父母為弼星下同二三四運九為父母為貪狼

則非真父母因名弼星以別之

又為弼星如夬卦以乾坤艮兌為真父母即為貪狼若坎離震巽離仍屬一運

以運取配合者不外此四局餘犯差錯山

八卦宗先天　即乾南坤北離東坎西兌東南艮西北巽西南震

東北先天卦是也倍而重之為六十四卦　卦以象昭

象即四象坤艮老陰乾兌老陽離震少陰巽坎少陽八卦初爻皆奇者為陽儀

耦者為陰儀初中兩爻一奇一耦者為少陰一奇者為少陽老陽生乾兌

老陰生坤艮少陰生離震少陽生巽坎此四象也

而亦有數　即乾九坤一以先天配洛書之数　青囊經上篇天地

定位山澤通氣雷風相薄水火不相射即泒此中推出然祗同運

中合十之一格茲總其全

一本卦同運八神以外卦合老陰老陽相配少陰少陽相配四正

與四正相配四隅與四隅相配為吉格餘犯差錯山

一本卦兼運八神即上合五合十合之外卦合陰陽老少四正四隅

五合生成是也

不雜為吉格餘犯差錯山

一本卦相通八神即一与三通二与四通六与

八通七与九通是也　　　　　亦以外卦合陰陽老少四

一本卦相通八神即一与三通二与四通六与

八通七与九通是也　　　　　亦以外卦合陰陽老少四

正四隅不雜為吉格餘犯差錯山

乾坤以震巽為差錯上同

坎離與艮兑為差錯上同

玄空真解要訣

一本卦兼父母運中八神六七八運一為父母二三四運九為父母

兼貪兼弼外卦均以合陰陽老少四正四隅為吉格若卦犯差錯

在貪狼為吉在弼星為凶此格未経張疏指明然寶照経云子午卯酉四

山龍支兼干出最豪雄坐向乾坤艮巽位兼

輔而成五吉龍子午卯酉指姤復節旅四卦乾坤艮巽指震巽艮兌為弼星

即為貪狼按復以震為父母姤以巽為父母旅以兌為父母是卦

合父母不忌差錯也又三合源流篇乾中否卦之水而立辛中小過之向固屬非宜是

鄉星忌犯差錯一大明徴也舉一類百可以類推

一卦合反對外卦合陰陽老少四正四隅雖犯差錯均為吉格反對

有卦反爻反二義

以卦取配合者不外此五格餘犯差錯凶

大玄空天星九運衰旺生死說　　　　劉湘樵著

大玄空六十四卦陰陽各半陰值運三十二陰卦旺三十二陽卦衰又

取三十二旺卦中旺而又旺之八卦為生三十二衰卦中衰而又衰之

八卦為死死龍以生旺為生旺以衰死為衰死水以衰死為生旺以生旺

為衰死曾序云蔵得陰陽玄妙理知其衰旺生與死不問坐山与来

水但逢死炁皆典取蔣大鴻天元五謌云葬著旺龍當代發葵著

平龍發跡遅葬著死龍憂敗絕縂然合格也難支死即煞也辨正

疏云古人為人卜葬或斷初年鼎盛或斷遅之而應或遅之又久

而后應盖未嘗不知三元易理而龍穴既真則應之遲速在所不

論惟當二十年煞龍煞水之時則雖屬吉壤必有答徵當知謹避耳又

云覆按故家墓宅某時山某時吉之理專逆推理氣推尋何為得運

何為得令何為逢煞蔣氏所謂卦煞之死絶地煞之大死絶也卦煞之

生旺地煞之大生旺也味此數言則張氏之所謂煞非既指蔣氏之所

謂死絶乎又云是書之論理煞重在配合帶說衰旺其曰知其衰

旺生与死但逢死煞皆無取夫得運為旺失運為衰得運而兼得

令為生失運而又与令相反為死生旺固可用而衰亦尚可取但不能

驟期吉效故曰生旺有吉休囚否也若死无則一无可取上文衰死

兼提而下文所云无取則單指死无其命意浅可知也即此推之

則余之所謂死即煞也益明矣

五黃洗　　　　　　　　　　　　　　　劉湘樵著

玄空大卦一陰陽之所生也元運九星一陰陽之所化也元運无

時不周流即陰陽无時有同斷一白二黑三碧四綠運之陰也六

白七赤八白九紫運之陽也獨至五黃忽入无陰无陽之地揆之

化機有斯理乎今按青囊經分空陰陽歸兩路之法中元運五

黃二十年劈破中分當以前十年為陰運接一二三四運之末陰

之終焉也後十年為陽運當六七八九運之先陽之始機也是五黃

一運雖統管二十年而分主陰陽前後各管十年此玄空大卦三

元大運千古不傳之至訣空法也何以言之盡中五一極宰於太始之先

兆於無形之後控制天地幹旋元化包羅八卦總該八神往来於三十六

宮之春周流於六十花甲之地為氣化之祖為星宿之主乃萬化之祖根

也八卦之氣皆中五之所生九星之氣皆中五之所化分之則有殊途合

之則無異致兩而化正具一而神也

又說　　龍山逸叟

卦無衰旺以運臨之則有衰旺卦無生死以運蔭之則有生死蓋以
陰陽二字為樞機蓋卦有卦之陰陽運有運之陰陽天地間無生而
非陰陽之所布即無時而非陰陽之所運陰遇陰則陰旺陽遇陽則
陽旺陽生則陰死陰旺則陽衰此陰陽之炁所謂一呼一吸而物之衰
旺生死皆莫能外也衰旺生死乃作玄機得此卜二宅立可消息盈
虛轉移禍福顧其說久悶於青囊蔣氏傳經猶引而不發張氏疏
雖畧宣其旨而微言吞吐不露全神令人捉摸難定余索之多年

慈恐有悟因盡發其覆將天機奧者一一指明復集傳疏諸說以

証之使閱者不至誣僕以謬妄則自信即可共信張子復生其不

易吾言也夫

又說

　　　　　　　　　　　　　　　　　　湘　樵

九星八運分列八方有數有卦惟五黃中宮立極運臨八方無正

位無專宮有數無卦以山水相對或兩水夾對之卦為卦象為陰

陽河圖五十居中洛書中宮只五數無十數然以龍水相對兩卦

之數合中五視之此一則彼九此坤則彼乾縱橫十五依然有合

五合十之妙分陰分陽之理是則五黃一星主宰中五控制八方

陰陽五行八卦九星攢簇於一宮之內周流於三元之中威無上

至尊之妙洪範稱為皇極洵哉其為極也噫玄空大卦之理其斯

至乎運轉乾坤鼓動風雷升降水火鎮靜山澤翕聚先後二天揔攝

上下三元陰陽三氣由此分前後四運從此定玄空大卦以雌雄

交媾為第一義首重龍水相對幽深玄妙之理精微奧窔之旨其

在此乎其在此乎

衰旺生死說

一白　為坤卦龍旺乾卦水旺

二黑　為觀卦龍旺大壯水旺

三碧　為晉卦龍旺需卦水旺

四綠　為萃卦龍旺大畜水旺　為山澤通氣

五黃　或龍与水對或有兩水夾對合五合十是也按兩水相對中還有兩卦合十五一端君龍水不對卦能合五合十五亦作五黃論

六白　為四六對

七赤　為三七對比卦龍旺大有水旺

八白　為二八對

九紫　為一九對否卦龍旺泰卦水旺

豫卦龍旺小畜水旺

剝卦龍旺夬卦水旺

玄空大卦挨星口訣

坤壬乙升觀節巨泛頭出

巽辰亥履大畜萃武曲位

艮丙辛尞有小過屬破軍

甲癸申離益未貪一路行

天心正運主運說　　　　湘樵

天心即斗杓所指之正運也張疏云即今八運收預卦八白正運

之龍收小畜二黑輔運之水愚按即張疏推之八白復卦主運預

卦爲斗杓所指之正運也由此觀之主運正運可例推矣

卦屬身體說　如乾卦當衰偏主頭病離卦當衰偏主目疾餘倣此

乾爲首　坤爲腹　震爲足　巽爲股　坎爲耳　離爲目

艮爲手　兌爲口

玄空真解　天元第五闋

天元第五歌　論選擇　　雲間蔣平階大鴻氏著

諸家選擇盡荒唐斗首元辰失主張奇遁演禽消倒亂不経真授

莫猜詳　首言諸家選擇之非原註

立人尅擇用干支化命生辰各操政豈知死者已無權反氣入地為

復命復命能司造化神生者命從葬者定故有仙人造命訣不是干支子

評法都天寶照候天星此是楊公親口說不怕三煞與都天陰府空亡俱抹煞

年尅壓命有何妨退氣金神皆滅没一卷天元烏兔経留與人間作寶筏

此直指選擇造命之法而歸重於天星可廢一切神煞拘忌之說原註

造命者為所修之工作造一命也故造事以卯安命葬事以酉安命蓋卯為日出之方陽

氣所發洩也故凡生人之事皆安命於卯酉為日入之方陰氣所逢藏也故凡葬事

皆安命於酉法詳後注

太極始判兩儀分其中日月是真精金烏玉兔本一物五星四餘泛此生聖人

觀象演歷法干支甲子作天經五行俱是陽中氣神然何書有別名祇得日

月司元化萬象森羅在掌中　此言造命天星以日月為主原注

壺間萬物各有命不但生人男女之造物制器可同推修造葬埋咸取証日

此言萬事萬物各有命而其機在時原注

月五星大象同一時八刻一移宮造命玄機時作主毫釐千里不相通

造葬安命取卯酉者非為造者葬者之生人亡人安命蓋為所造之宅所葬之穴安命也所造之宅安個好命生人居之得其吉所葬之穴安個好命亡人居之受其蔭所造之宅所修之穴占於何宮何度擇得此時天上有

先將晝夜別陰陽晝夜晨昏出沒洋十二宮中三十度大約六度是分疆

二十八宿七政明論宮論度要平分深則論宮淺論度一分一秒不容情命入

躔宮度五氣日月隨命分五行五曜四餘扶日月生尅衰旺唯天秤最

取用星為福曜有恩有用作干城若用專權為上格忌星一雜福斯輕

此論十二宮分度躔命五行而歸重於恩用原註

選擇之法以晝夜別陰陽日月有晨昏度大概卯以後為晝為陽戌以後為夜為陰再合陰令陽令以金水為用陰令以火羅為用又晝用金水夜用火羅其義一也十二宮每宮以三十度為率每宮前後各三度為入

用之星至其時皆照曜於宅穴所占之宮度而造葬即成其來照之精光常留而不去則造命之謂也若時刻一差則有用之星皆他移不照於此或者更有忌難之星反來相照則禍福迴別故曰毫釐千里也

宮淺當論度主過此三度為入宮深則論宮主前后各三度故六度是分疆
也安命之度以日躔為定視日躔入宮淺深之度以定安命淺深之度或取度
主或取宮主各有五行所屬以別恩仇如得用星為恩極為上格但恐恩
星相雜也

用耀一星落何處陽時陰候分遵際冬夏二至陰陽極春秋二分是平氣

平氣陰陽用可兼尤看晝夜与宮垣畧過平氣陰陽別當極之時禍

福專陽令為用金孛水陰令為用羅与火秋木獨宜水兼孛春土大

羅金計土春在分后須陰助秋在分后宜陽輔

此專論四時用忌之各異原証
古法云冬至后為陽令夏至后為陰令陰令用火羅陽令用水孛二分為平氣
水火兼用說理則是而於用則非如有租心而信古者夏至后逐用火羅豈
不誤乎今此章措落極穩要而明晰言二至陰陽極二分為平氣春在分後

須陰助秋在分后宜陽輔令人一見了然雖粗心亦不至有誤

宮辰星體兩兼收度前度後要深求尤向五星探伏現逆来順去

开遲留三方對照緊相隨同宮隔宮一例推拱夾有情權力大日

月交映格尤奇

此備言宮星恩用諸格正變之法　原注

宮言宮主度言度主所用之星在宮主度前為引度后為退且五星各有

伏逆遲留均為無力雖用之無益至於格局三合為拱照左右為夾照左右或隔

一宮照或四正照或對照或同宮照或日月三合拱山向拱命宮主或五星有用

者拱夾日月日月拱夾山向命宮均為合格然必須有情方為得力有情者如

三合拱照一星在寅十度一星在戌十二度安命在午宮十三度或九度均不差過三

度為有情若隔四度以外則為無

情雖在其宮而光不及矣

身當旺令不湏恩但將用曜作根源平令獨恩難發達衰時得用兇

無怨以恩為用真至實以難為用多顛倒以恩為忌壽而貪以難

為忌身不保　此言恩用難合之法　原註

身當旺令者如金為命主秋用事則不必再取金為恩金太過

則燥用曜者如陽令以金水孛為用也平令者如木當秋令雖有水星為恩

亦難得力必湏大羅以溫水木而尅金方能發達也如火衰於秋而火羅為用

以恩為用者如時當陽令而命主為木水孛為用而即為恩也以難為用者

如時當陽令火為命主水孛為用星水孛為火之難星又時以為用者也以

恩為忌者如陽令土為命主以火為恩星陽令以火為忌星是也以難為

忌者如陰令忌水孛而大為命主是也

本宮端的管初年宮若不純湏舍腾必取宮身俱妙合長安花滿好揚鞭

此言宮星並重之妙　原註　本宮者命主所居之宮也本宮之內若有仇難等星即謂

不純必湏舍此另擇而擇其恩用相資者用之則得笑

就中暗曜最難知空地翻同實地司寅戌兩宮光在午丑亥二曜

子中依 此言暗曜變格原註 命在午寅戌有星拱照命在子亥丑有星

夾照或戌寅有星隔宮夾照或酉卯有星四正夾照皆名暗曜

更有橫天交氣法寅申有曜亥中患巳丑卯宮丑未酉短長多寡度中移

此言橫天交氣法而借亥卯酉三宮爲例原註

此即四正照与隔一宮照之例

月逢晦朔皆爲福何必蟾光三五圓但忌陰陽當薄蝕七日之内勿爭先太

白晝見經天日雖有恩星失柄權 此論薄蝕經天皆所忌原註 月雖無光其寔光在上面故一樣可用若日

食月食前七日後七日皆不可用太白

經天尤爲天灾一例當避之

果老星宗此的傳星書卷卷失真銓諸服格局皆虛假升殿入垣

莫挂牽 此辨星書諸格之謬 原註

選擇原註

星書諸服格局瑣碎甚多凡日月五星躔其所主之宮為入垣如日躔
午宮月躔未宮木躔寅亥水躔巳申之類日月五星躔其所主之度為升
殿如日躔星房虛昴月躔心危畢張木躔角斗奎井之類其定用之無
益只取恩用忌難以別取舍拱夾
對照以求定用則果老真傳也

無奈星家多失學增添宜忌漫誇張天元秘旨令朝啟細查天心造
命詳 此無深義

俚句流傳實至言云陽五曲號天元其中奧旨須尋味慎莫差訛
末推原造命本於天官曆法 原註

累後賢 此總結五篇而致其叮嚀之意 原註

擇日之法在於善候天星而化命不興焉蓋人死則形消氣返有生之

理已終而復迨求其始生之年以配四柱忌其冲犯避其凶煞求其生旺

擇其祿貴此真不明理之言也大凡人事莫不因乎天而成乎地鑿穴而深

藏之所以受地氣度日時而後下所以受天氣故古人謂之造命造命謂何

山水龍向本自天然求穴之立向猶如太虛渾漠無着鑿而穴之則如混沌

之初開萬象之初立地之靈氣有所依附如人之初出胎然後此之殃祥逆

此時始故謂之造命也造命之法以日月恩用之拱夾定格以畫夜陰陽

之分宮定局以格局定日以日之躔度定時定命以命定恩以二至二分

之時令之用審山向之偏正論入宮之深淺推卦氣之衰旺觀穴形之强

弱日暖風和月明星朗雲霧不生山川明媚則天精地華合為一氣而毓

秀無爽矣至於應驗之期總以三合吊沖填實之年月斷之若夫諸家

神煞在所不拘神煞雖多不能出於五行之外五行有日月星以為之主

五星又生於日月之兩儀天地雖廣經之以度但得日月五星到度又

何神煞之有雲間蔣大鴻所著天元第五歌專論造命錄而註之

造命之法所重在時以太陽所躔之度加時宮度推之盡陰陽晝夜

時刻之分祇在於日日出則明而為晝以行化於天日入則晦而為夜

以育精於地是以造命立於卯兩日出而發生之義葬命立於酉兩日入而成
胎之義假如冬至後日躔箕斗之度在丑宮若用丑時則宮辰不動造
日立命於卯屬火葬日立命於酉屬金若用寅時則日同箕斗之宿
已在寅宮而寅宮心尾之宿亦移而至卯申宮昴畢之宿亦移而至酉
則造日當立命於寅屬木葬日當立命於申屬水其餘倣此推之十二宮
長所屬以午未為天子丑為地寅亥卯戌辰酉巳申自下而上以春夏
秋冬配之蓋取日月相對之義故寅為春木而申為冬水也吳下風俗
多作壽坎其立命宜同造日若用葬日於理未安此段註世間萬物各有命至
毫釐千里不相通下

先查四時日出日入之時刻以分晝夜晝宜立何命得太陽有情夜宜立

何命得太陰有情而立命之宮又當辨其淺深不可鈞畧了事如周天

有三百六十五度四分度之一以十二宮分之一宮約有三十度零共兩宮

分界之間約跨六度宮氣不清以兩宮平分之則一宮得三度以

一宮前後共計之則有六度不清之烎若立命值此六度之中祇可作

度主論出此六度入宮已深方作宮主假如冬至後日躔箕四度前一日

三度過丑宮癸日用午時則日同丑宮箕星到巳寅宮宿到午卯宮宿

到未辰宮軫角宿到申漸次將没立命當在辰宮屬金以太陽入丑祇

二度則辰宮立命亦祇二度翼九度過辰則立命當在翼十度入宮後祇可作

翼火論不得作辰金論矣其同一年時之中又有數刻之差若用午初一二

刻則日之入午宮淺而辰之入酉宮亦淺其酉宮前二十餘度還是已宮張

翼所占則已宮之水氣多而辰宮之金氣少亦不得作辰金論若作

已宮水命則已宮立命當在星六已過辰宮又不得作水命論也金

命以土為恩水命以土為煞宮分不清則立命不準而恩用無憑禍福

之分毫厘千里故一分一秒不容情也大凡太陽躔度在一宮之中則宮分

易清若躔兩旁最易混亂宜細推之（此段注先將畫夜別陰陽

至一分一秒不容情下

立命之法全視恩用恩用有情方可立命要取用星湏看節候冬
至後為陽令夏至後為陰令春秋二分陰陽之氣平分則陰陽用
星可以兼收然亦有分別陽用宜晝陰用宜夜而用星之興宮主
又要看其生尅何如則宜生宮而為恩不宜尅宮而為難也冬至
後以金水字為用夏至後以大羅為用冬至後為陽令夏至後為
陰令峽及時得用之星故曰用星秋月立命寅亥屬木受尅於金
則取水字有情為恩水字雖非用星以木不受尅不得不用之也
春月立命子丑屬土受尅於木則取大羅有情為恩大羅雖非用

星以土命受尅不得不用之巴金尅木而有水字則金為恩之恩木尅

土而有火羅則木為恩之恩所去化煞為恩之妙如此君春月立

命辰酉屬金金氣正衰則取土計雙拱以育之土計雖受尅於春

木而見金則無害是以衰旺本無一定恩仇亦可互通隨時應用

何必拘拘於某節某候而後用日我此段詿命入纏宮變五炁

宮辰即立命之宮主也星體即所葬本山之形也在天成象在地成

形本是一炁相通故本山之星体不可不辨其取恩用与立命同須

彙收而不相背為止而立命之宮與本山之宮俱要乾淨不許有

仇難星侵占有則宜另擇故要深求全在五星惟以順現為吉遲留

伏逆俱為無力故仇難之星而遲留伏逆則不能為山恩用之星而遲

留伏逆則亦不能吉也此段註宮辰星體兩兼收四句以下

凡立命何宮必須取一格局方為有情假如子宮立命恩用之星

在申辰兩宮為三方在午宮為對照在子為同宮在亥丑為隔宮

其三方隔宮要恩用雙到為合格如恩用在申而辰空恩用在丑

而亥空星所空之宮別星占住俱不合格拱夾者或恩用拱夾日

月或日月拱夾恩用或日月同恩用分立兩邊拱夾命宮為有情

有力　此段註三方對照緊相隨四句下

凡氣旺則無藉於恩　如春木得火而温　安用水字秋金得水而清不

資土計惟氣衰者須恩用雙濟為美　尅命者為難尅用者為忌

此段註身富旺令不須恩八句

又本宮所係至重必要純粹祇取乾淨不妨空白但得他宮有星

其光來照自然有情假　如子宮立命日月恩用俱在子則為同宮

相照　如子宮空白而日月恩用在丑亥則陽宮夾照在寅戌則為

隔兩宮夾照在卯酉為四正拱照在申辰為三方弔照在午為對

照凡拱夾之格兩邊宮內不宜一邊有星一邊無星宮星不宜一

邊太多一邊太少星之躔度不宜一邊太遠一邊太近假如下元

癸卯年八月十二日丁未子時葬酉山日躔巳月躔丑寅宮立命

屬木凑戈恩伴日月三方拱照此秋木用水孛之一格也又如下元

甲辰年正月初十癸酉日巳時葬戌山日躔子月躔申計在巳土在

卯辰宮立命屬金雙恩夾命日月三方照命隔一宮照山此春金用

土計之一格也又如上元庚戌年七月十二乙卯日巳時葬酉山

日躔巳月躔丑土躔亥計躔未金水夾日火羅夾月酉山酉命屬金

滿局拱照此秋分前後火羅金水並用之法也又如上元庚戌年九月

十六壬午日卯時日躔卯月躔酉土在亥計在未酉宮立命屬金日

月四正拱山向坐對照命雙恩拱日奕月以此推之凡一月必有

數日合好格者在人善用之而已 此段註今宮端的管初年以下

　　　天星造命節畧

　　首取太陽過宮以定月將

　　次取月將加用時順數至卯酉宮安命 月將加時乃將所用之將
　　　　　　　　　　　　　　　　　　加於月將之宮順行

　再取立命宮以定五行

再取天星十一曜五行以定星之恩難生尅吉凶

再取坐照對照三合照十字夾照以定之恩用之成格合局

月將加時者乃將所用之時加於月將宮內順行至卯時安造命至

酉時安葬命如正月月將在亥用亥時順數至卯時正在卯宮即

於卯宮安造命若用子時則子在亥宮丑在子宮寅在

寅宮即於寅宮安造命若用丑時則丑宮安造命若用寅時則

子宮安造命用午時申宮安造命用申時午宮安造命用卯時

即於亥宮安造命餘倣此

十二宮所屬

子丑屬土　寅亥屬木　卯戌屬火　辰酉屬金　巳申屬水

午宮屬日　未宮屬月　午未屬天　子丑屬地

寅亥屬春　卯戌屬夏　辰酉屬秋　巳申屬冬

太陽過宮定十二月將法

每月太陽以中氣後過宮中氣者如正月雨水二月春分是也

月將者與月建相合者也如正月建寅則以亥為月將二月建卯以

戌為月將也

天星十一曜者七政四餘也

日月金木水火土謂之七政紫氣屬木羅睺屬火月孛屬水計都
屬土謂之四餘

查選擇求真書中喜金水同輔爲吉楊公云請君專用太陽照三合
對宮福壽堅金水二星倂紫炁月孛同用又無嫌此專爲用太陽
者言也蓋太陽太陰喜金水相輔逢紫炁爲祥雲遇月孛爲抱蟾
遇火則爭明遇土木則掩蔽其光遇羅計則晦蝕皆不吉

造命之法易知造命之用難知蓋緣古書曾傳其法未詳其用故

人不知也夫造命貴在用時固也此一時八刻延長無幾或遲或
葬將此所擇之時應用在造葬之何時乎此中之秘苦無傳書臆
況紛紛莫宗一是令讀此原註曰求穴之前猶如太虛渾漠無著
鑿而穴之則如混沌之初開萬象之初立地之靈氣有所依附如
人之初出胎然此雖是講解造命之所然而用時之秘已隱寓於
中一旦豁然昌勝快足盖天地本一體不動則不應動則應也渾
然一地忽爾鑿之是為動機地既有動天必來應當此之時諸吉
照耀與之合度而地之動氣與諸吉之光感應交合而為一凝結

不解遂成永久無論諸吉移轉於何方而其光乃常注於此他光
不得混入也然則用時之法得其要矣憂急書之以告學者爰子

十二宮五行所屬圖

冬水	天日	天月	冬水
秋金			秋金
夏火			夏火
春木	地土	地土	春木

巳	午	未	申
辰			酉
卯			戌
寅	丑	子	亥

天元第五歌選擇造葬各法專重天星餘無禁忌過興俗術不用

僕用之多年極為簡便然必興七政四餘應書叅看始能合用

陽宅書自古無善本通俗所尚皆以大遊年分東四宅西四宅為

定法以福德天醫延年生氣為吉以五鬼六煞禍害絕命為凶祇

論方位不重空氣均屬無稽之談絕少應驗陽宅覺一書為天津

靜海又元子先生所著脫胎於蔣大鴻天元第四歌專言易理者

重元運以河圖洛書為根以生旺衰死致用專收浮空之来氣不

論方位之吉凶却能百武百驗故又名曰百驗新書得者寶之

國圖語亦為又元子所著專言水龍訣法與山龍迴異曹序云山

營山分水管水此是陰陽不待言山上龍神不下水水裡龍神不

上山皆此意也中繪圖式若干以為初學比例

入門要訣為僕所編集者詞句較俚未免貽笑大方然於初學及

僅識之無者庶幾便於取用且又均合玄空要旨由此大啟悟機

自可著手成春應如桴鼓如果持此兼以救世定能獲福無量若

奸險之輩容心害人恐天公決不輕宥也戒之慎之

心一堂術數古籍珍本叢刊　第一輯書目

一

心一堂術數古籍珍本叢刊　第二輯書目

編號	書名	著者	提要
178	《星氣〔卦〕》通義(蔣大鴻秘本四十八局圖并打劫法)《天驚秘訣》合刊	【清】蔣大鴻 著	江西輿國真傳三元風水秘本
179	蔣大鴻嫡傳天心相宅秘訣全圖附陽宅指南等秘書五種	【清】蔣大鴻編訂、【清】汪云吾、劉樂山註	蔣大鴻徒張仲馨秘傳陽宅風水「教科書」！千金不易之寶
180	家傳三元地理秘書十三種		真天宮之秘 千金不易之寶！
181	章仲山門內秘傳《堪輿奇書》附《天心正運》	【清】章仲山傳、【清】華湛恩	直洩無常派章仲山玄空風水不傳之秘
182	《挨星金口訣》、《王元極增批補圖七十二葬法訂本》合刊	【民國】王元極	玄空挨星真訣公開！字字千金！
183-184	《家傳三元古今名墓圖集附謝氏水鉗》、《蔣氏三元名墓圖集》合刊	(清)孫景堂，劉樂山、張稼夫	蔣大鴻嫡傳風水宅案、幕講師、蔣大鴻、姜垚等名家多個實例，破禁公開！
185-186	《山洋指迷》足本兩種 附《尋龍歌》(上)(下)	【明】周景一	風水巒頭形家必讀《山洋指迷》足本！
187-196	蔣大鴻嫡傳水龍經注解 附 虛白盧藏珍本水龍經四種(1-10)	【清】蔣大鴻編訂、【清】楊臥雲、汪云吾、劉樂山註	蔣大鴻嫡傳一脈授徒秘笈，希世之寶！千年以來，師師相授之秘旨，破禁公開！完整了解蔣氏嫡派真傳一脈三元理、法、訣！附已知最古《水龍經》鈔本等五種稀見
197	心眼指要(清刻原本)	【清】章仲山	無常派玄空必讀經典未刪改本！
198-199	《天元五歌闡義》附《元空秘旨》(清刻原本)	【清】	沈氏玄空遺珍
200	批注地理辨正直解	【清】章仲山	
201-202	批注地理辨正再辨直解合編(上)(下)	【清】蔣大鴻原著、【清】章仲山直解、再註【清】姚銘三	失傳姚銘三玄空經典重現人間！名家：沈竹礽、王元極推薦！
203	章仲山注《玄機賦》《元空秘旨》附《口訣中秘訣》等合刊	【清】章仲山	近三百年來首次公開！章仲山無常派玄空秘密，和盤托出！章仲山注《玄機賦》及章仲山原傳之口訣
204	章仲山門內真傳《三元九運挨星篇》《運用篇》《挨星定局篇》《口訣篇》等合刊	【清】章仲山、柯遠峰等	史上首次公開！「無常派」下卦起星等挨星
205	章仲山門內真傳《大玄空秘圖訣》《天驚訣》《飛星要訣》《九星斷略》等合刊	【清】章仲山、冬園子等	
206	撼龍經真義	吳師青註	
207	章仲山嫡傳《翻卦挨星圖》《秘鈔元空秘旨》附《秘鈔天元五歌闡義》	【清】章仲山傳、【清】王介如輯	透露章仲山家傳玄空嫡傳學習次弟及關鍵
208	章仲山嫡傳秘鈔《秘圖》《節錄心眼指要》合刊	【清】章仲山傳、【清】王介如輯撰	近代香港名家吳師青必讀經典
209	談氏三元地理大玄空實驗附《談養吾秘稿奇門占驗》	【民國】談養吾撰	
210	談氏三元地理濟世淺言附《打開一條生路》	【民國】談養吾撰	了解談氏入世的易學卦德爻象思想
211-215	《地理辨正集註》附《六法金鎖秘》《巒頭指迷真詮》《作法雜綴》等(1-5)	【清】尋緣居士	史上最大篇幅的《地理辨正》註解 匯巒頭及蔣氏、六法、無常、湘楚等秘本
216	三元大玄空地理二宅實驗(足本修正版)	【民國】尤惜陰(演本法師)、榮柏雲撰	三元玄空無常派必讀經典足本修正版